ARTE e Habilidade

EDUCAÇÃO INFANTIL

Volume 2

1ª edição
São Paulo
2016

IBEP

ANGELA ANITA CANTELE

FORMADA PELA FACULDADE DE BELAS ARTES DE SÃO PAULO EM ARTES PLÁSTICAS E BACHAREL EM DESENHO.
CURSO DE *DESIGN* DE INTERIORES PELA ESCOLA PANAMERICANA DE ARTE E *DESIGN*. CURSOS DE ARTESANATO, DOBRADURA, PINTURA EM TELA E AQUARELA.
ESPECIALIZAÇÃO DE PINTURA EM SEDA PURA.
CURSO DE HISTÓRIA DA ARTE EM FLORENÇA E VENEZA, ITÁLIA.
ESCRITORA DE LIVROS DIDÁTICOS E PARADIDÁTICOS, ARTE-EDUCADORA.

BRUNA RENATA CANTELE

MESTRE EM EDUCAÇÃO E HISTORIADORA.
CURSO DE DESENHO ARTÍSTICO E PUBLICITÁRIO DR. PAULO SILVA TELLES.
CURSO DE HISTÓRIA DA ARTE EM FLORENÇA E VENEZA, ITÁLIA.
ORIENTADORA EDUCACIONAL, CONSULTORA E ASSESSORA PEDAGÓGICO-
-ADMINISTRATIVA EM COLÉGIOS DA REDE PARTICULAR DE ENSINO.
ESCRITORA DE LIVROS DIDÁTICOS E PARADIDÁTICOS.

Coleção Arte e Habilidade
Arte – Volume 2
© IBEP, 2016

Diretor superintendente	Jorge Yunes
Diretora editorial	Célia de Assis
Gerente editorial	Maria Rocha Rodrigues
Coordenadora editorial	Simone Silva
Assessoria pedagógica	Mirian Gaspar
Editor	Jefferson Cevada, Cesar Costa (Manual do Professor)
Assistentes editoriais	Adriana Ribas, Alice Ramos, Diego Ruiz, Fernanda Santos
Revisão	Beatriz Hrycylo, Luiz Gustavo Bazana, Salvine Maciel
Secretaria editorial e Produção gráfica	Fredson Sampaio
Assistente de secretaria editorial	Mayara Silva
Assistentes de produção gráfica	Elaine Nunes, Marcelo Ribeiro
Coordenadora de arte	Karina Monteiro
Editora de arte	Marilia Vilela
Assistentes de arte	Aline Benitez, Gustavo Prado Ramos
Assistentes de iconografia	Victoria Lopes, Wilson de Castilho
Ilustrações	Bruna Ishihara, MW Ilustrações, Shutterstock
Imagem de capa	*A Cuca* (1924), de Tarsila do Amaral. Musée de Grenoble, Grenoble, França.
Processos editoriais e tecnologia	Elza Mizue Hata Fujihara
Projeto gráfico e capa	Departamento de Arte – IBEP
Diagramação	Departamento de Arte – IBEP

1ª edição – São Paulo – 2016

CIP-BRASIL. CATALOGAÇÃO NA PUBLICAÇÃO
SINDICATO NACIONAL DOS EDITORES DE LIVROS, RJ

C231a
v. 2

Cantele, Angela Anita
Arte e habilidade / Angela Anita Cantele, Bruna Renata Cantele. - 1. ed. - São Paulo : IBEP, 2016.
: il. (Arte e habilidade)

ISBN 978-85-3424-844-0 (professor) 978-85-3424-843-3 (aluno)

1. Educação artística - Estudo e ensino. 2. Educação de crianças. I. Cantele, Bruna Renata. II. Título. III. Série.

16-35969
CDD: 372.5
CDU: 373.3:7

30/08/2016 02/09/2016

Todos os direitos reservados.

IBEP

Avenida Doutor Antônio João Abdalla, 260 – Bloco 400, Área D, Sala W1
Bairro Empresarial Colina – Cajamar – SP – 07750-020 – Brasil
Tel.: (11) 2799-7799
www.editoraibep.com.br editoras@ibep-nacional.com.br

2ª Reimpressão - Gráfica Cipola - Dez/ 2017

OLÁ!

ESTE LIVRO É UM CONVITE PARA VOCÊ ENTRAR NO MUNDO DA ARTE!
COM ELE, VOCÊ VAI CONHECER MAIS SOBRE AS CORES E FORMAS,
SE DIVERTIR COM SONS E RITMOS, APRENDER A DESENHAR, PINTAR,
MODELAR, CANTAR E DESENVOLVER ATIVIDADES COM ALGUMAS TÉCNICAS
PARA FAZER ARTE, COMO A PINTURA, O DESENHO, A COLAGEM.
VAI CONHECER TAMBÉM ALGUNS ARTISTAS E SUAS OBRAS.
BONS TRABALHOS!

COM CARINHO,

ANGELA E BRUNA

USO DO MATERIAL

PARA DESENHAR OU FAZER ARTE, UTILIZAMOS PAPÉIS DIVERSOS, LÁPIS GRAFITE, LÁPIS DE COR E AQUARELÁVEL, BORRACHA, RÉGUA, APONTADOR, TESOURA E COLA, GIZ DE CERA, PINCEL, TINTAS GUACHE, PLÁSTICA E ACRÍLICA, COLA GLITTER, ARGILA, CANETA HIDROCOR E VÁRIOS OUTROS.

CUIDE BEM DE SEU MATERIAL, MANTENDO-O LIMPO E ORGANIZADO.

TROQUE IDEIAS COM OS COLEGAS E OBSERVE COM ATENÇÃO O TRABALHO DELES – VOCÊ ESTARÁ DESENVOLVENDO SEU LADO ARTÍSTICO!

MATERIAIS

ARGILA/ MASSA DE MODELAR	 BARBANTE/LÃ	 BORRACHA	 CANETA HIDROCOR
 COPO COM ÁGUA	 COLA BASTÃO	 COLA *GLITTER*	 COLA LÍQUIDA
 FITA ADESIVA	 GIZ DE CERA	 LÁPIS DE COR	 LÁPIS DE COR AQUARELÁVEL
 LÁPIS GRAFITE	MATERIAIS DIVERSOS	 PANO/ TECIDO	 PAPÉIS DIVERSOS/ REVISTAS E JORNAIS
 PINCEL	 RÉGUA	 TESOURA COM PONTA ARREDONDADA	 TINTA GUACHE/ TINTA ACRÍLICA/ TINTA PARA PINTURA A DEDO

SUMÁRIO

Ficha	Categoria	Título	Página
1	EXPRESSÃO CORPORAL, DESENHO E PINTURA	Noção corporal: o corpo	09
2	OBSERVAÇÃO, DESENHO E PINTURA	As cores	10
3	RASGADURA E COLAGEM	Mosaico com papel rasgado	11
4	EXPRESSÃO MUSICAL E PINTURA	Sons agradáveis e sons desagradáveis	12
5	PINTURA	Percepção visual: formas	13
6	OBSERVAÇÃO DE OBRA DE ARTE E PINTURA	Fazendo arte com Aldemir Martins	14
7	DESENHO E PINTURA	Noção corporal: a cabeça e suas partes	15
8	PINTURA	A cor vermelha	16
9	MODELAGEM	Modelagem	17
10	EXPRESSÃO MUSICAL	Características do som	18
11	OBSERVAÇÃO, RECORTE E COLAGEM	Percepção visual da forma	19
12	OBSERVAÇÃO DE OBRAS DE ARTE	A arte de Paul Cézanne	21
13	DESENHO, PINTURA E MODELAGEM	Fazendo arte com Paul Cézanne	22
14	MONTAGEM	A cor azul	23
15	DESENHO E PINTURA	Desenho-surpresa	24
16	EXPRESSÃO CORPORAL	Noção corporal: o corpo e os sentidos	25
17	COLAGEM	A cor amarela	26
18	PINTURA	Pintura sobre lixa	27
19	EXPRESSÃO MUSICAL, PINTURA E MODELAGEM	Ritmo, música e movimento	28
20	DESENHO E PINTURA	Vamos completar o que falta?	29
21	EXPRESSÃO CORPORAL	Noção corporal: a mão direita	30
22	EXPRESSÃO CORPORAL	Noção corporal: a mão esquerda	31
23	PINTURA	Pintura espelhada	32
24	PINTURA	A cor verde	33
25	MONTAGEM COM SUCATA	Sucata: tartarugas	34
26	EXPRESSÃO MUSICAL E PINTURA	Os diferentes sons dos instrumentos	35
27	OBSERVAÇÃO E DESENHO	Formas geométricas	36
28	OBSERVAÇÃO DE OBRAS DE ARTE	A arte de Romero Britto	37
29	PINTURA	Fazendo arte com Romero Britto	38
30	DESENHO E PINTURA	Expressão facial	39

SUMÁRIO

Ficha	Tipo	Título	Página
31	RECORTE E COLAGEM	A cor roxa	40
32	PINTURA	Pintura com esponja	41
33	PINTURA E COLAGEM	Figura geométrica: o quadrado	42
34	EXPRESSÃO MUSICAL E ORIGAMI	Cantar e dobrar	43
35	PINTURA E COLAGEM	Figura geométrica: o triângulo	44
36	OBSERVAÇÃO DE OBRAS DE ARTE	A arte de Candido Portinari	46
37	COLAGEM	Fazendo arte com Candido Portinari	47
38	PINTURA	Pintura a dedo	48
39	DESENHO	Vamos completar o desenho?	49
40	MONTAGEM COM PALITOS	A cor laranja	50
41	PINTURA	Pintura com código	51
42	OBSERVAÇÃO DE OBRAS DE ARTE	A arte de Tarsila do Amaral	52
43	DESENHO E PINTURA	Fazendo arte com Tarsila do Amaral	53
44	PINTURA E COLAGEM	Figura geométrica: o círculo	54
45	OBSERVAÇÃO DE OBRAS DE ARTE E PINTURA	Fazendo arte com Gustavo Rosa	55
46	EXPRESSÃO CORPORAL E OBSERVAÇÃO	Teatro de sombras	56
47	OBSERVAÇÃO DE OBRAS DE ARTE	A arte de Wassily Kandinsky	57
48	PINTURA	Fazendo arte com Wassily Kandinsky	58
49	MODELAGEM, PINTURA E COLAGEM	Um quadro com massa de modelar	59
50	OBSERVAÇÃO DE OBRAS DE ARTE	A arte de Henri Matisse	60
51	COLAGEM	Fazendo arte com Henri Matisse	61
52	OBSERVAÇÃO E PINTURA	Seriação de formas geométricas	62
53	EXPRESSÃO CORPORAL, DESENHO E PINTURA	Noção corporal: meu corpo	63

DATAS COMEMORATIVAS

Oba, é Carnaval! 66
A Páscoa chegou! 67
Dia do Índio 68
Dia das Mães 70
Dia dos Pais 71
É primavera! 72
Dia das Crianças 74
É Natal! 76

ARTE E HABILIDADE

A PINTURA, A ESCULTURA, A MÚSICA, A DANÇA, O TEATRO SÃO LINGUAGENS DA ARTE.
O DESENHO, A COLAGEM, AS CORES E AS FORMAS TAMBÉM FAZEM PARTE DO MUNDO DA ARTE.

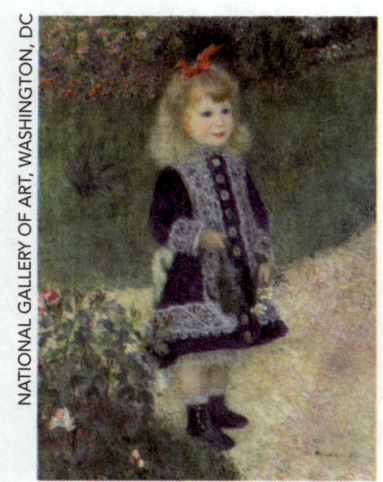

MENINA COM REGADOR (1876), DE PIERRE-AUGUSTE RENOIR. ÓLEO SOBRE TELA, 103 cm × 73,2 cm.

MOSAICO FEITO COM PEDAÇOS DE PAPEL.

PINTURA ESPONJADA.

O CARACOL (1953), DE HENRI MATISSE. GUACHE SOBRE PAPEL CORTADO E MONTADO SOBRE TELA, 287 cm × 288 cm.

A CUCA (1924), DE TARSILA DO AMARAL. ÓLEO SOBRE TELA, 73 cm × 100 cm.

ENFEITE DE NATAL FEITO COM CD.

FICHA 1
NOÇÃO CORPORAL: O CORPO

FICHA 2 — AS CORES

QUASE TUDO TEM UMA COR!

HÁ COISAS AMARELAS, COMO A GEMA DO OVO.

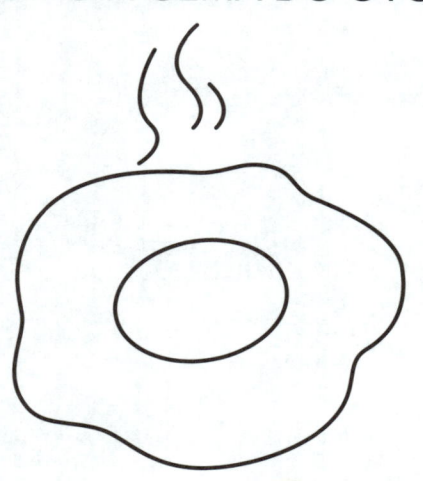

MUITAS COISAS SÃO VERMELHAS, COMO UM MORANGO.

OUTRAS SÃO AZUIS, COMO O PÁSSARO AZULÃO.

HÁ MUITAS OUTRAS CORES...

COMO O VERDE DE UMA FOLHA...

A COR DE LARANJA DA FRUTA LARANJA...

OU O ROXO, COMO O DESTA BORBOLETA...

FICHA 3

MOSAICO COM PAPEL RASGADO

11

MOSAICO COM PAPEL RASGADO

FICHA 4

SONS AGRADÁVEIS E SONS DESAGRADÁVEIS

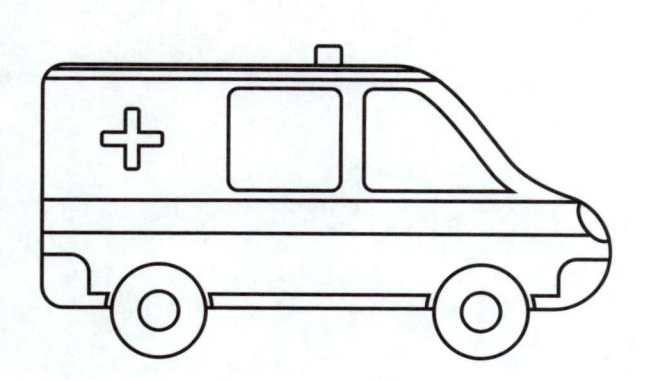

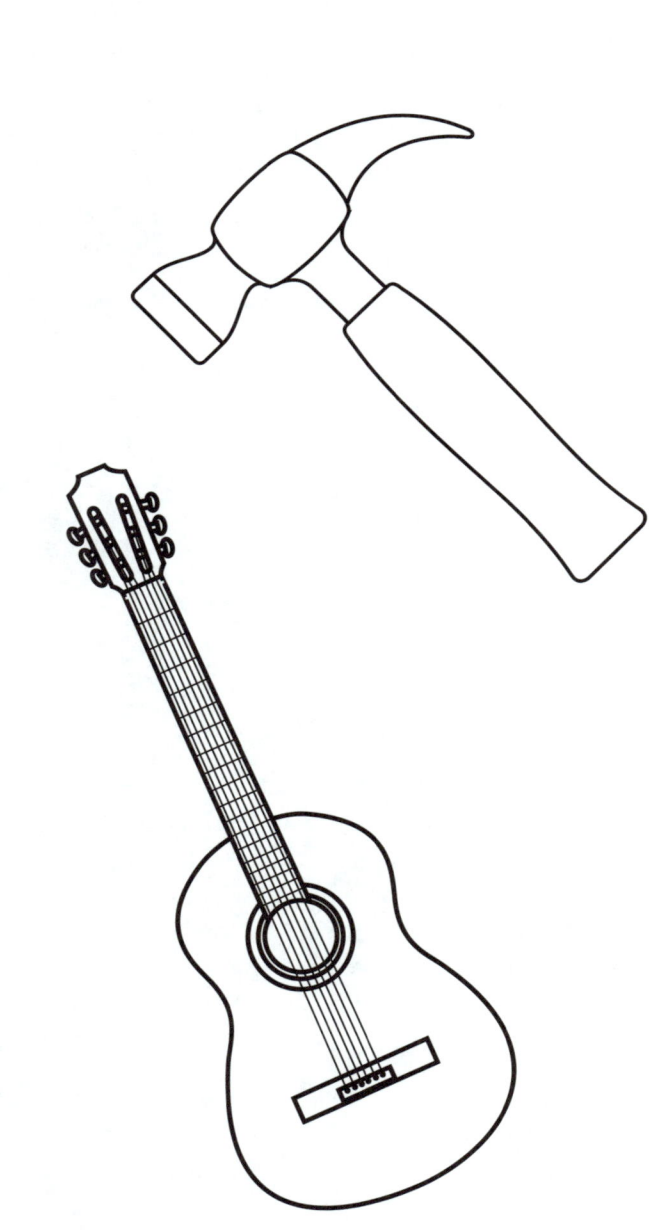

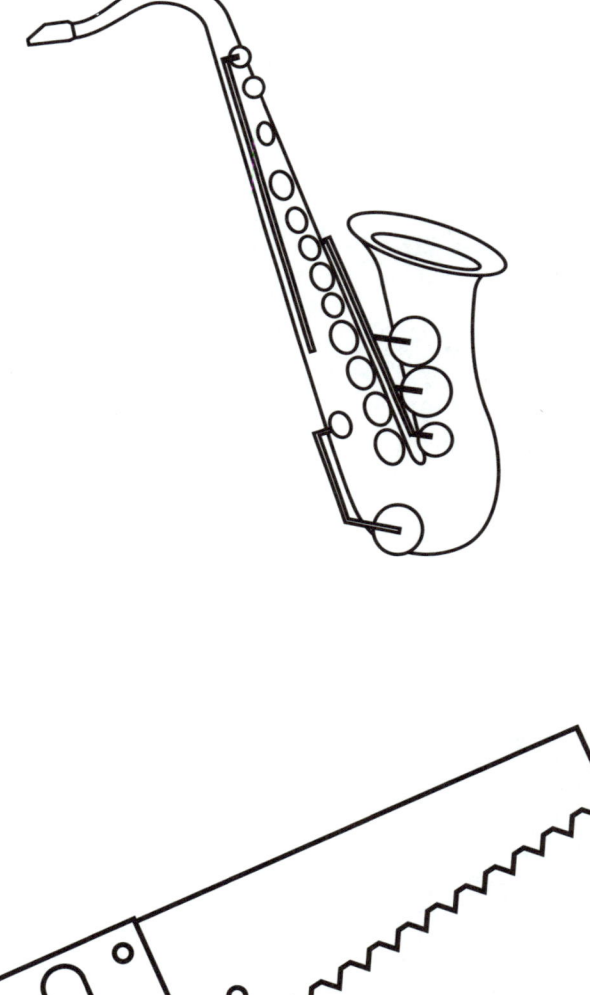

SONS AGRADÁVEIS E SONS DESAGRADÁVEIS

FICHA 5

PERCEPÇÃO VISUAL: FORMAS

PERCEPÇÃO VISUAL: FORMAS

FICHA 6

FAZENDO ARTE COM ALDEMIR MARTINS

GATO AZUL COM VASO DE FLORES (2000), DE ALDEMIR MARTINS. ACRÍLICA SOBRE TELA, 40 cm × 40 cm.

FAZENDO ARTE COM ALDEMIR MARTINS

FAZENDO ARTE COM
ALDEMIR MARTINS

GATO AZUL COM PATAS DE ALGODÃO E FLORES
DE ALDEMIR MARTINS, ACRÍLICA SOBRE TELA,
14 × 10 cm.

FICHA 7
NOÇÃO CORPORAL: A CABEÇA E SUAS PARTES

FICHA 8

A COR VERMELHA

NOME: _____

FICHA 9

MODELAGEM

FICHA 10
CARACTERÍSTICAS DO SOM

CARACTERÍSTICAS DO SOM 18

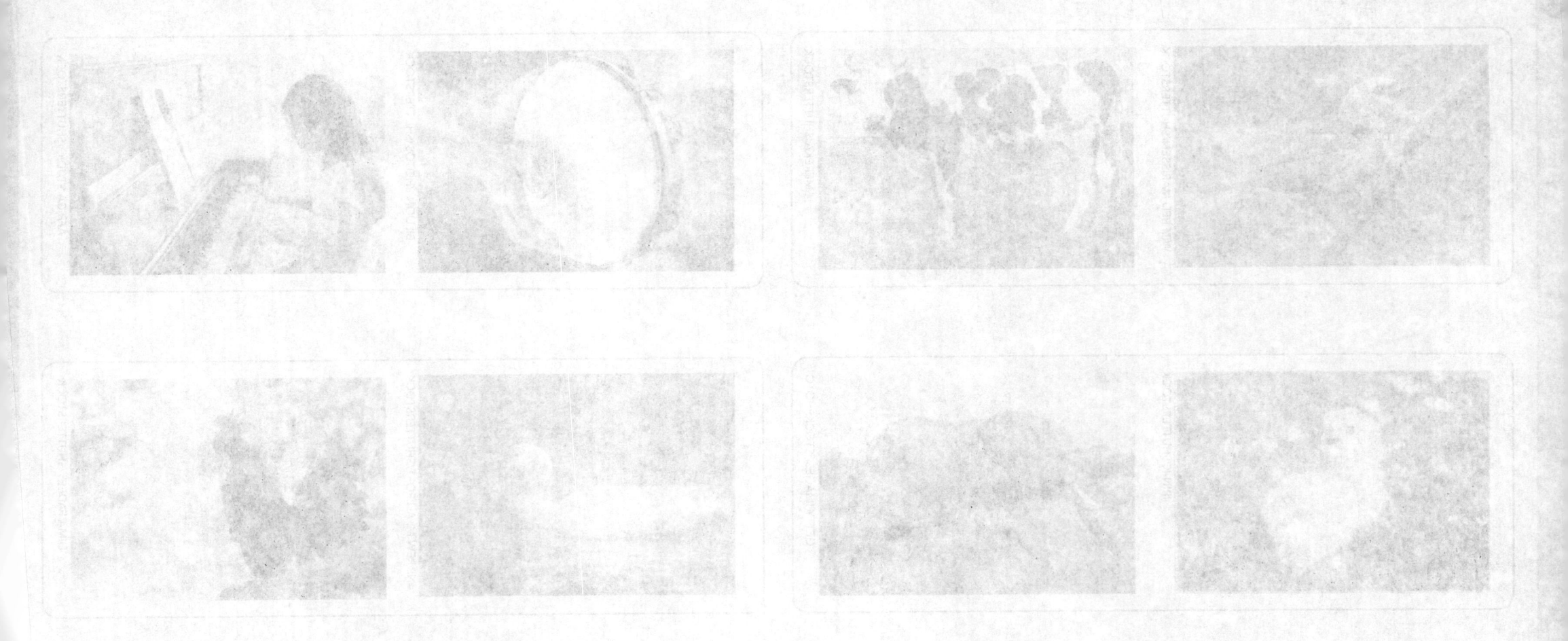

FICHA 11

PERCEPÇÃO VISUAL DA FORMA

PARTE 1

COLE

FICHA 11 — PARTE 2

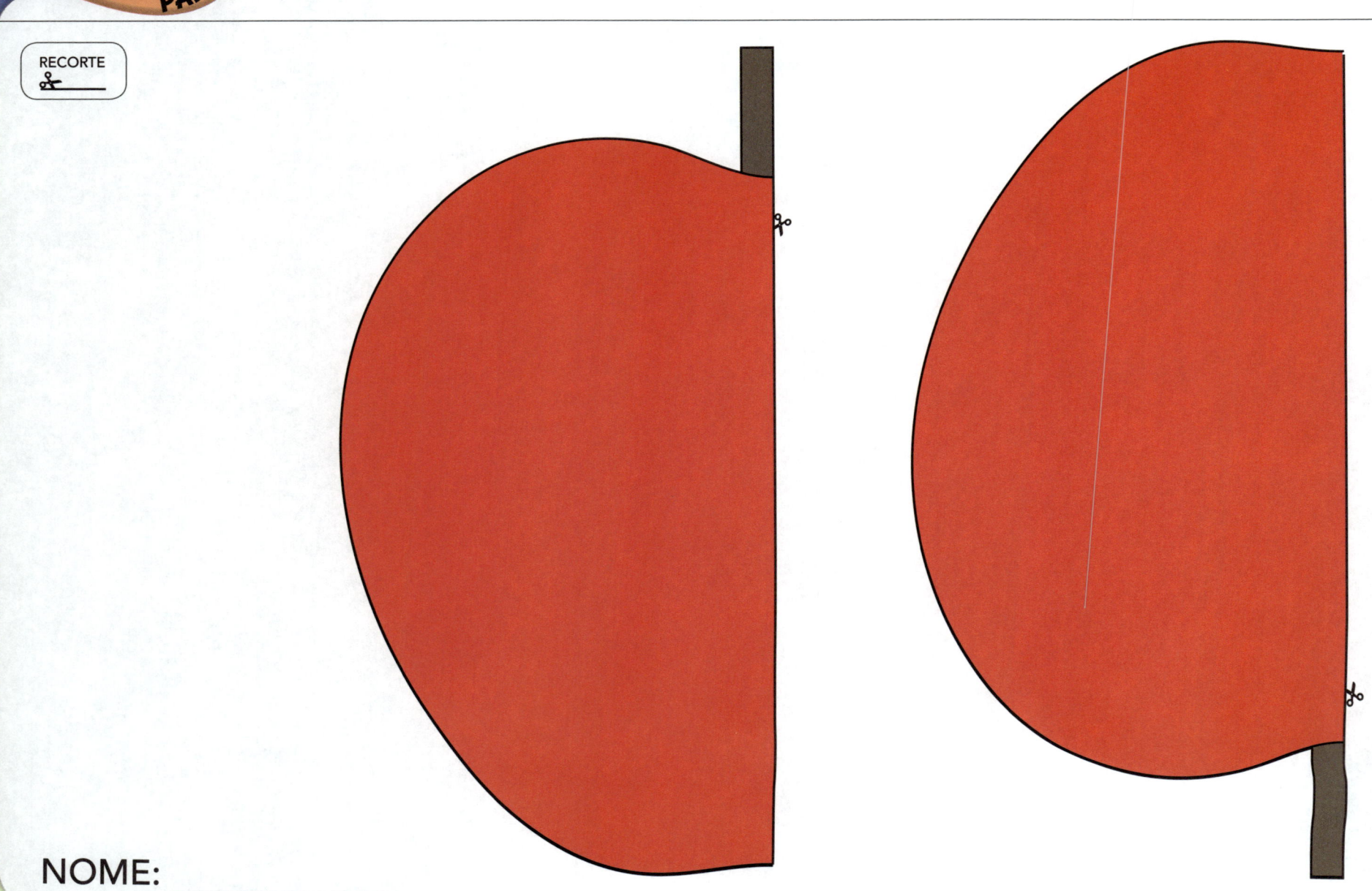

PERCEPÇÃO VISUAL DA FORMA

RECORTE

NOME: _____

PERCEPÇÃO VISUAL DA FORMA

FICHA 12 — A ARTE DE PAUL CÉZANNE

CESTA DE MAÇÃS (1895), DE PAUL CÉZANNE. ÓLEO SOBRE TELA, 62 cm × 79 cm.

ART INSTITUTE OF CHICAGO, CHICAGO

MAÇÃS E LARANJAS (1899), DE PAUL CÉZANNE. ÓLEO SOBRE TELA, 74 cm × 93 cm.

HERMITAGE MUSEUM, SAINT PETERSBURG

FICHA 13

FAZENDO ARTE COM PAUL CÉZANNE

FAZENDO ARTE COM PAUL CÉZANNE

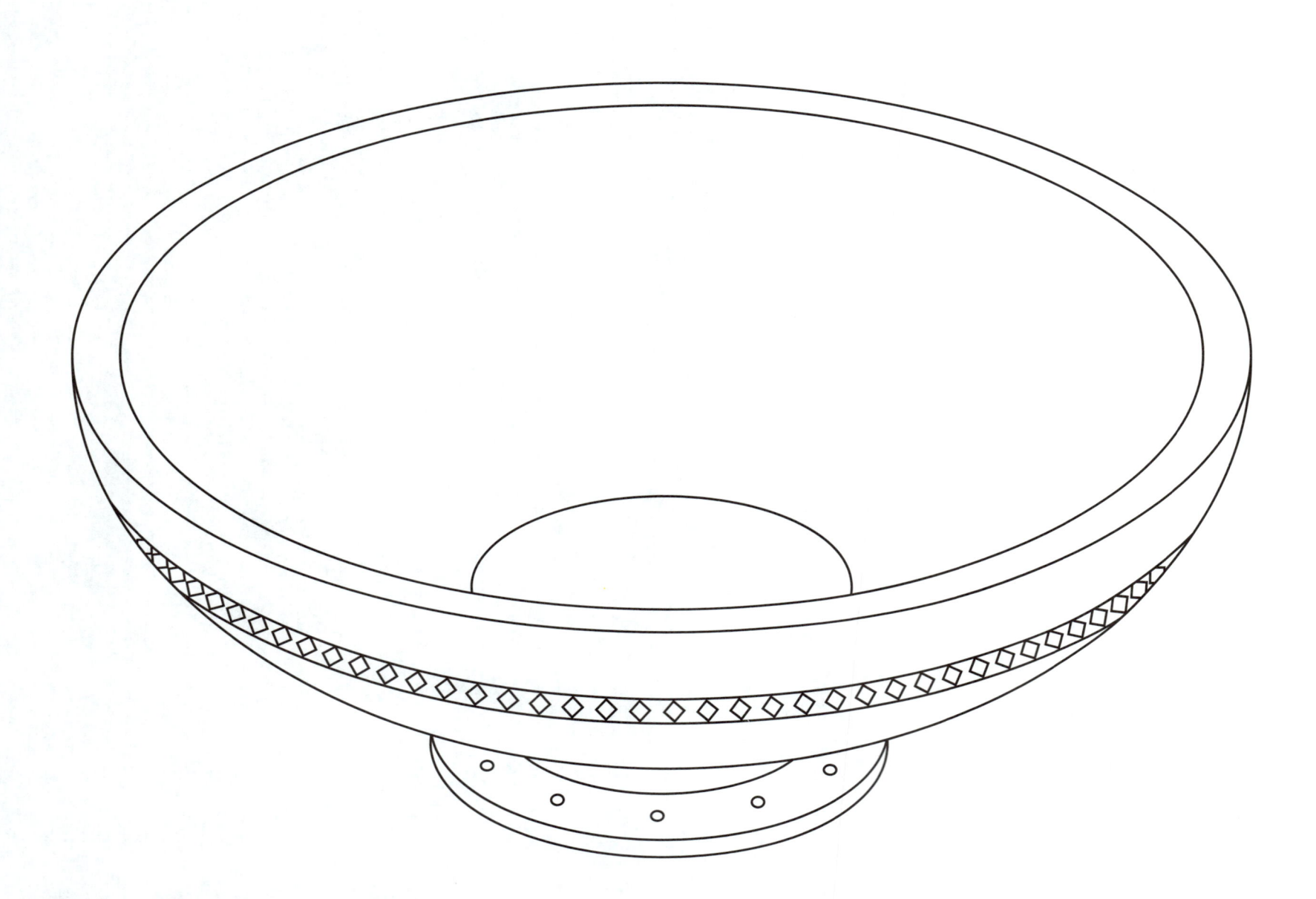

FICHA 14

A COR AZUL

RECORTE

ACERVO DAS AUTORAS

COLE

NOME: _____

A COR AZUL

FICHA 15
DESENHO-SURPRESA

NOME: _____

FICHA 16
NOÇÃO CORPORAL: O CORPO E OS SENTIDOS

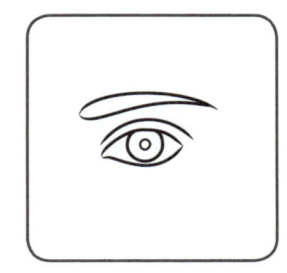

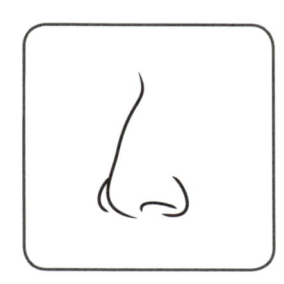

FICHA 17

A COR AMARELA

A COR AMARELA

FICHA 18 — PINTURA SOBRE LIXA

NOME: _____

FICHA 19
RITMO, MÚSICA E MOVIMENTO

RITMO, MÚSICA E MOVIMENTO

FICHA 19

FICHA 20

VAMOS COMPLETAR O QUE FALTA?

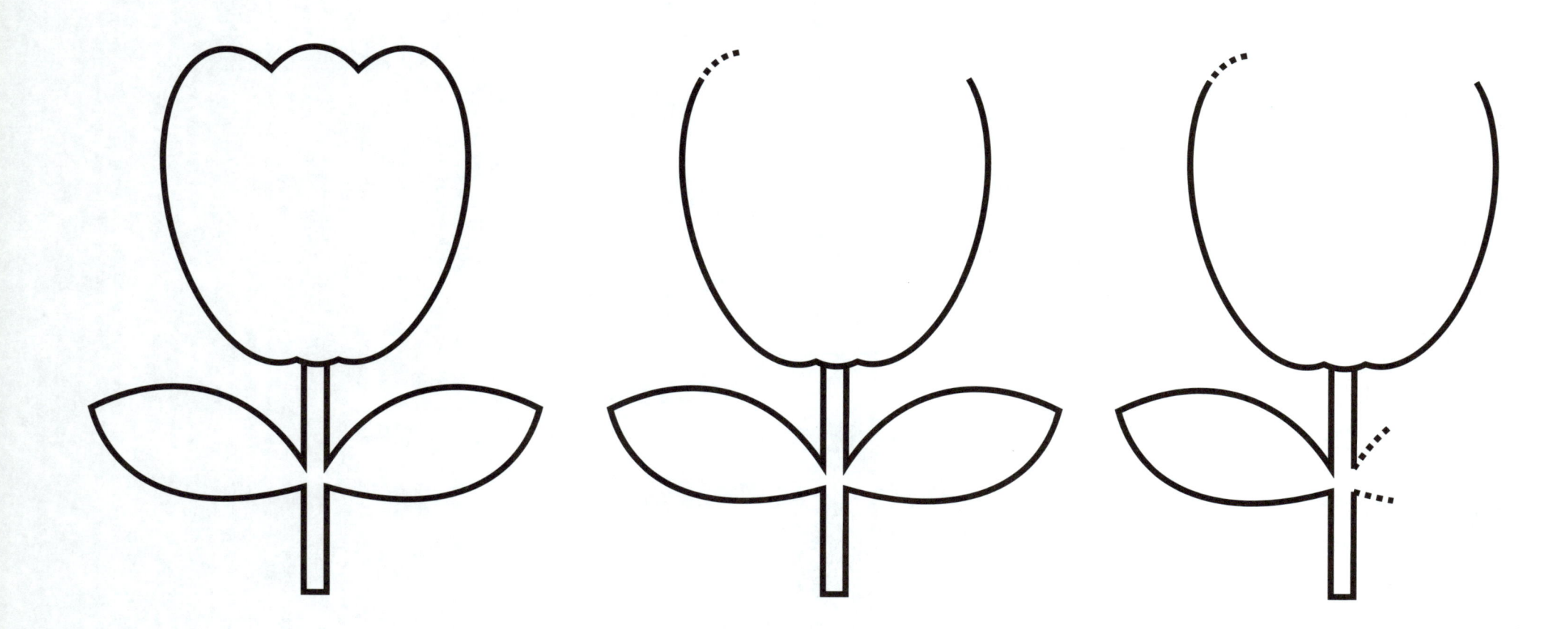

FICHA 21
NOÇÃO CORPORAL: A MÃO DIREITA

NOME: _____

FICHA 21

NOÇÃO CORPORAL: A MÃO DIREITA

NOME: _____

FICHA 23
PINTURA ESPELHADA

NOME: _____

FICHA 24

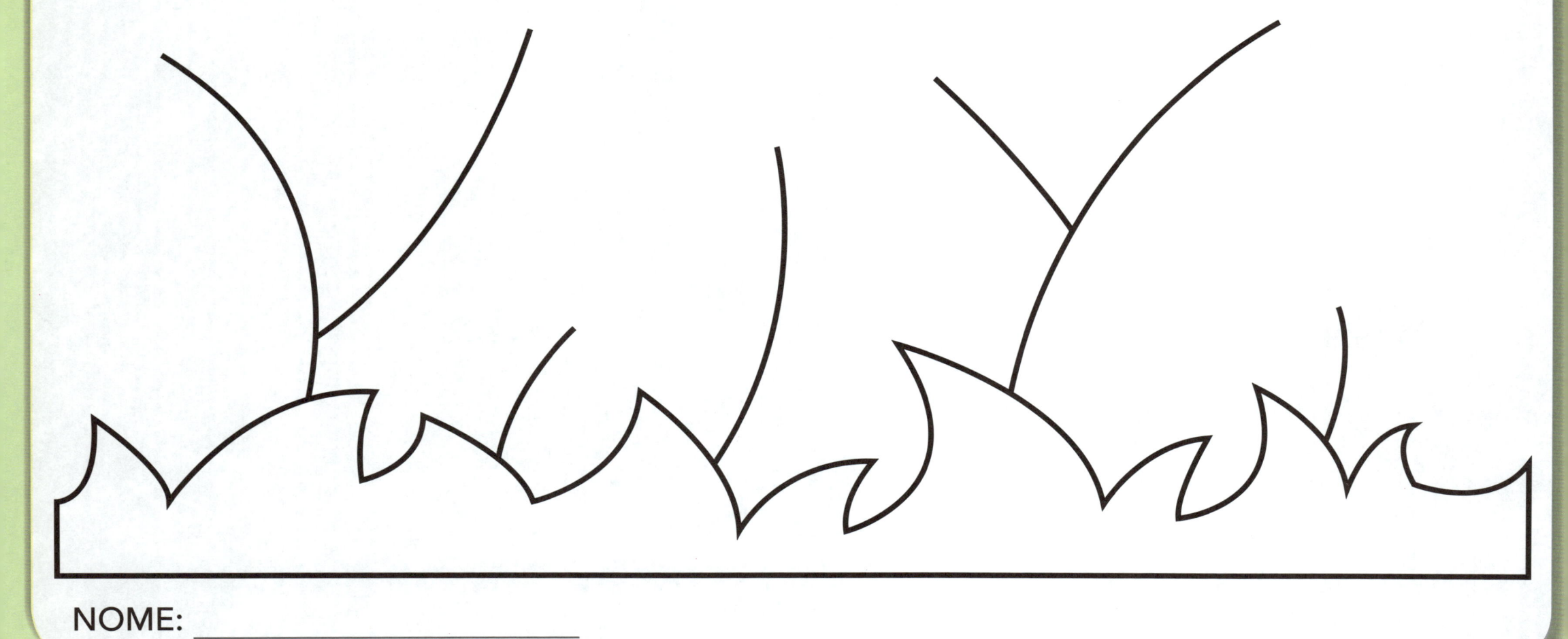

A COR VERDE

NOME: _____

A COR VERDE

FICHA 25

SUCATA: TARTARUGAS

RECORTE

NOME: _____

SUCATA: TARTARUGAS

FICHA 26
OS DIFERENTES SONS DOS INSTRUMENTOS

■ INSTRUMENTO DE PERCUSSÃO   ■ INSTRUMENTO DE CORDA   ■ INSTRUMENTO DE SOPRO

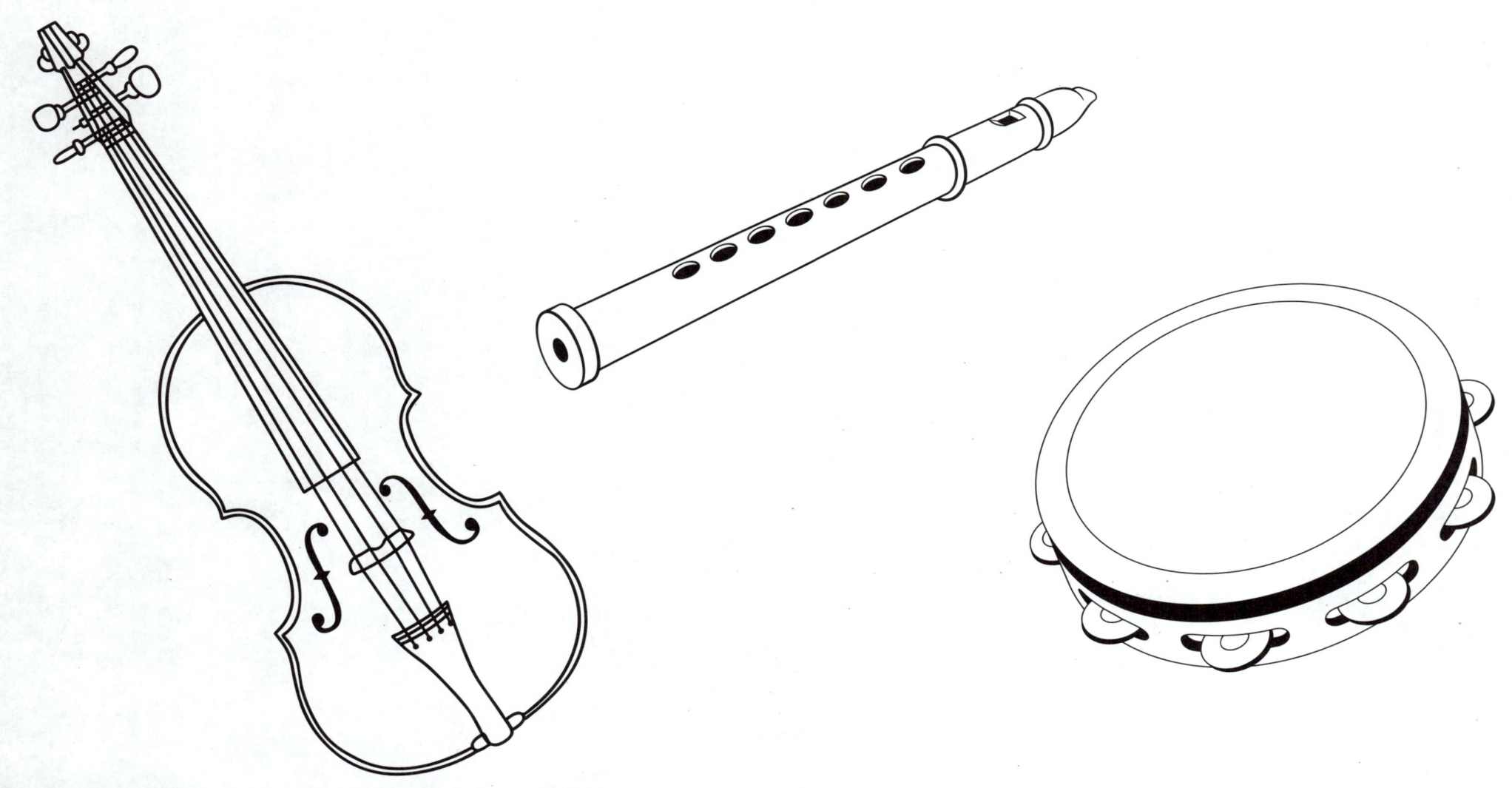

FICHA 27

FORMAS GEOMÉTRICAS

FICHA 28
A ARTE DE ROMERO BRITTO

PEQUENO URSO (S. D.), DE ROMERO BRITTO. ACRÍLICA SOBRE TELA, 34 cm × 34 cm.

GREAT COFFEE (2001), DE ROMERO BRITTO. ACRÍLICA SOBRE TELA, 40 cm × 40 cm.

FICHA 29
FAZENDO ARTE COM ROMERO BRITTO

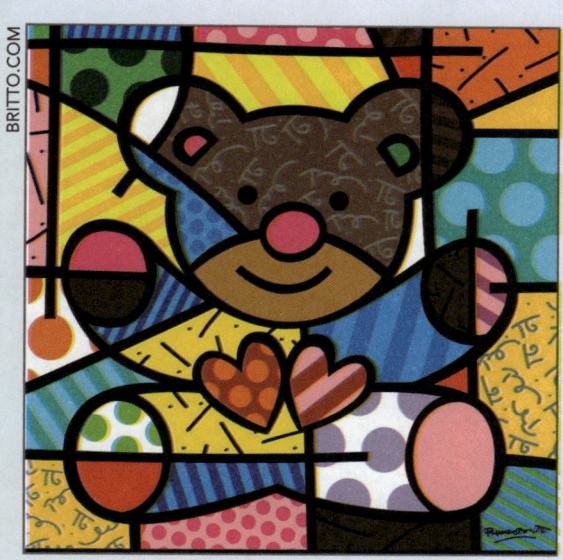

PEQUENO URSO (S. D.), DE ROMERO BRITTO. ACRÍLICA SOBRE TELA, 34 cm × 34 cm.

FICHA 30

EXPRESSÃO FACIAL

FICHA 31

A COR ROXA

COLE

FICHA 32
PINTURA COM ESPONJA

NOME: _____

FICHA 33

FIGURA GEOMÉTRICA: O QUADRADO

FIGURA GEOMÉTRICA: O QUADRADO

FICHA 34
CANTAR E DOBRAR

RECORTE

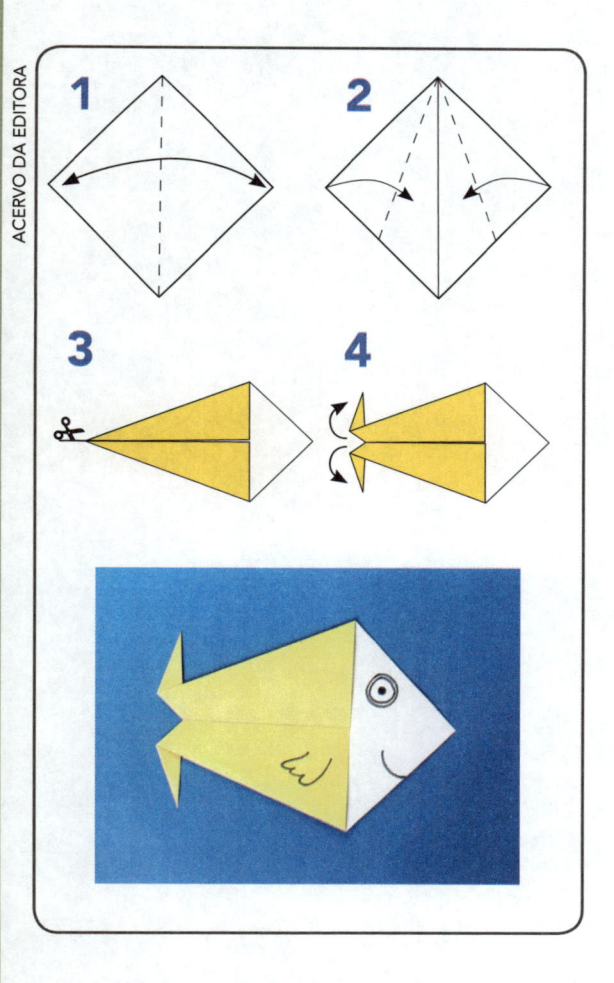

1 2 3 4

NOME: _____

43
CANTAR E DOBRAR

FICHA 35 — PARTE 1

FIGURA GEOMÉTRICA: O TRIÂNGULO

COLE

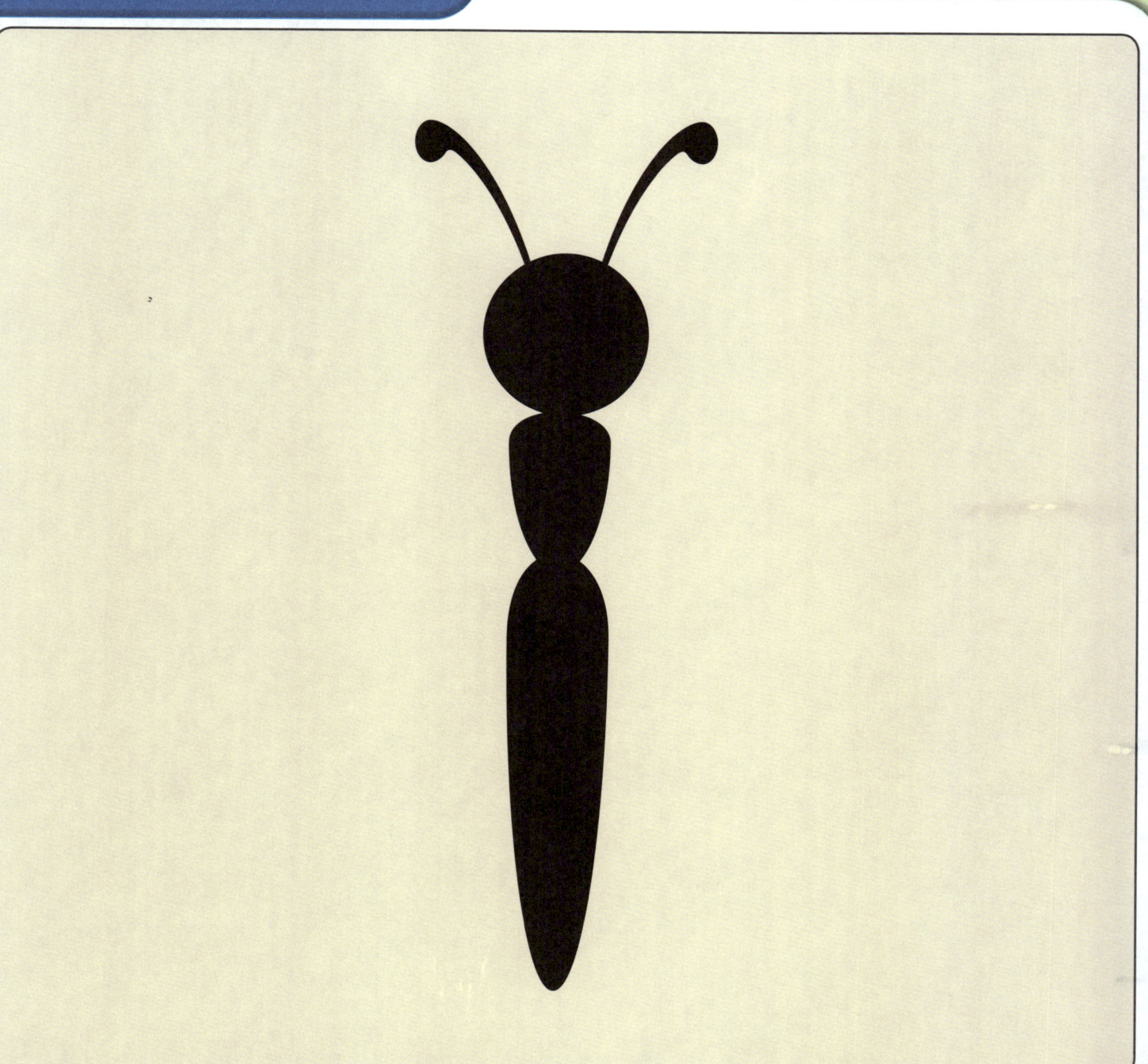

FICHA 35 — PARTE 2

FIGURA GEOMÉTRICA: O TRIÂNGULO

RECORTE

NOME: _____

FIGURA GEOMÉTRICA: O TRIÂNGULO

NOME:

FICHA 36 — A ARTE DE CANDIDO PORTINARI

MENINOS BRINCANDO (1955), DE CANDIDO PORTINARI.
ÓLEO SOBRE TELA, 60 cm × 72,5 cm.

MUSEU DA INFÂNCIA, CRICIÚMA, SANTA CATARINA

46

A ARTE DE CANDIDO PORTINARI

FICHA 37
FAZENDO ARTE COM CANDIDO PORTINARI

FICHA 38
PINTURA A DEDO

ACERVO DAS AUTORAS

NOME: _____

FICHA 39

VAMOS COMPLETAR O DESENHO?

VAMOS COMPLETAR O DESENHO?

FICHA 40
A COR LARANJA

RECORTE

FOTOS: ACERVO DAS AUTORAS

A COR LARANJA

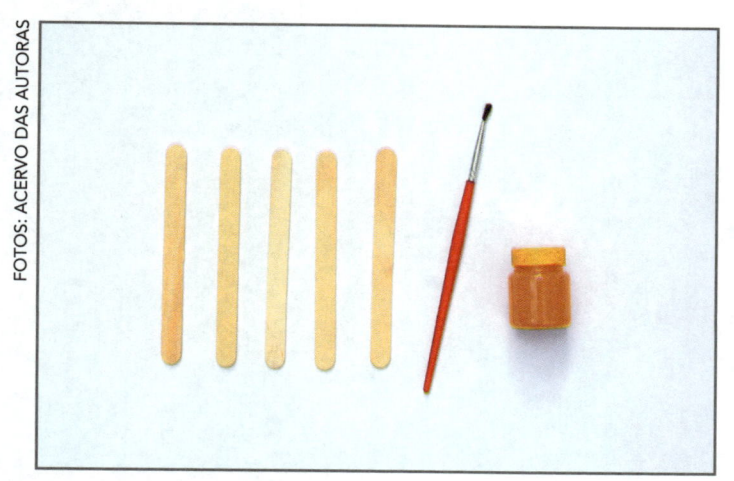

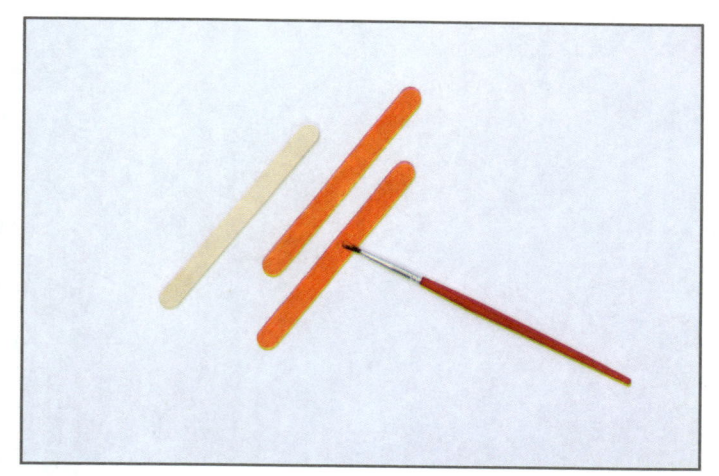

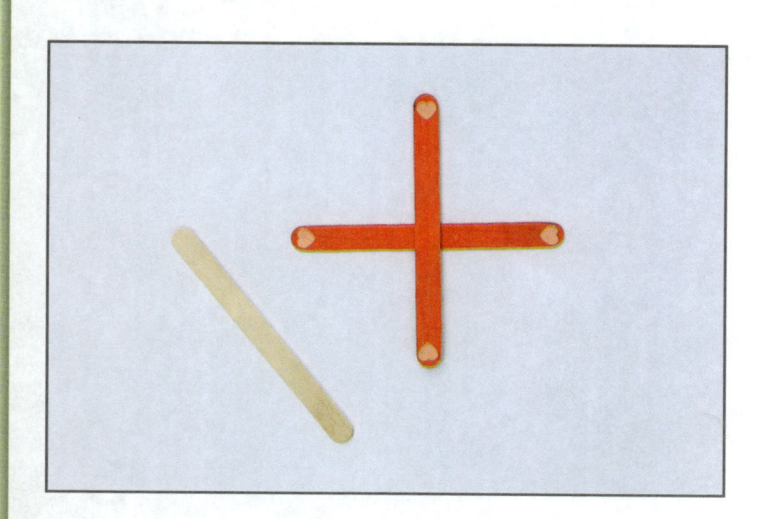

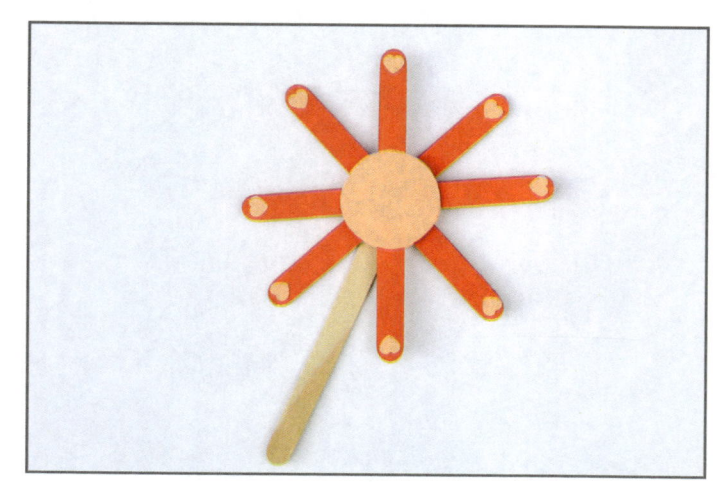

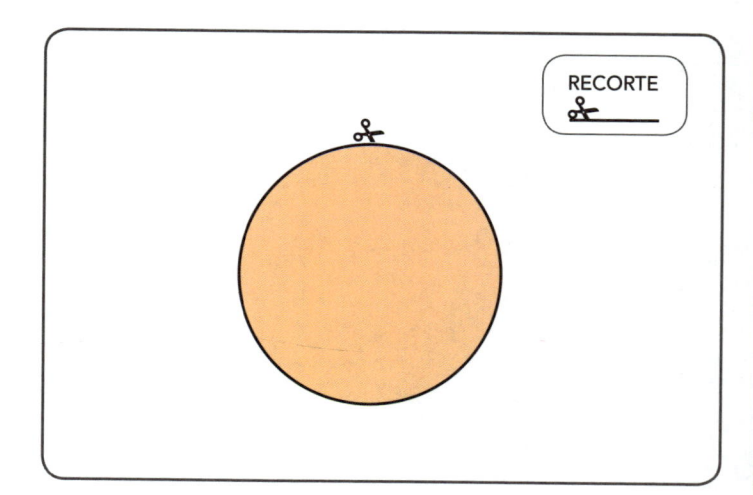

FICHA 41
PINTURA COM CÓDIGO

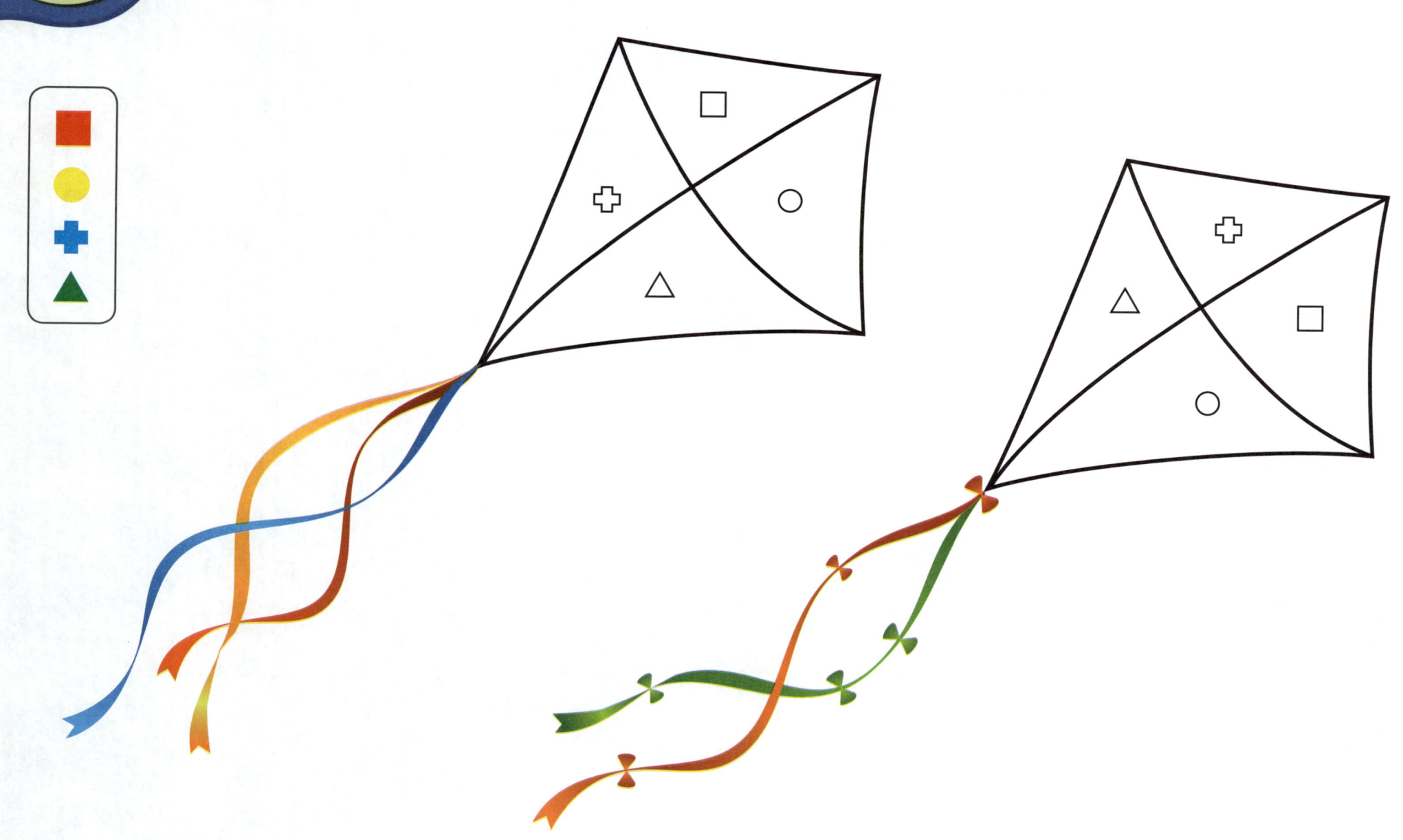

51

FICHA 42 — A ARTE DE TARSILA DO AMARAL

MUSÉE DE GRENOBLE, GRENOBLE, FRANÇA

A CUCA (1924), DE TARSILA DO AMARAL. ÓLEO SOBRE TELA, 73 cm × 100 cm.

FICHA 43

FAZENDO ARTE COM TARSILA DO AMARAL

NOME: _____

FICHA 44

FIGURA GEOMÉTRICA: O CÍRCULO

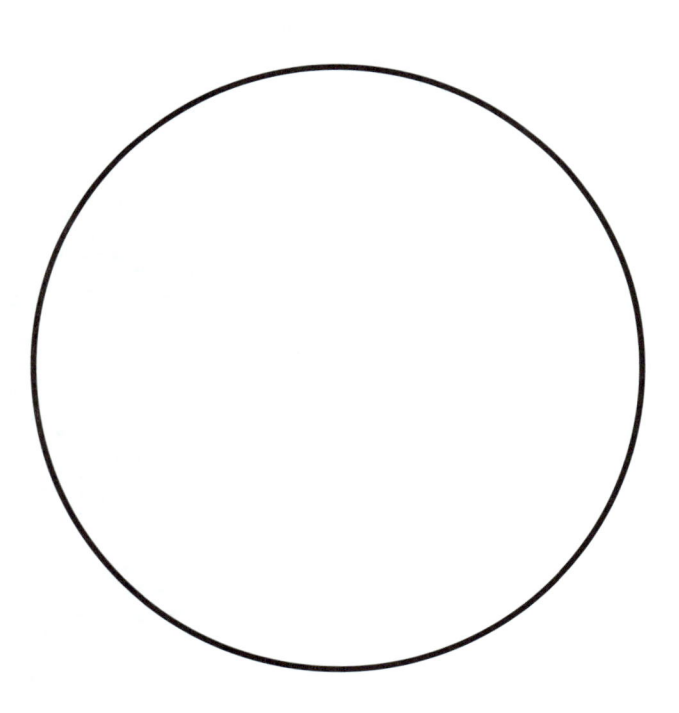

ACERVO DAS AUTORAS

FIGURA GEOMÉTRICA: O CÍRCULO

FICHA 45

FAZENDO ARTE COM GUSTAVO ROSA

O GALO (2005), DE GUSTAVO ROSA. ACRÍLICA SOBRE TELA.

FICHA 46

TEATRO DE SOMBRAS

CAVALO	AVE	CARACOL
CAMELO	CACHORRO	COELHO

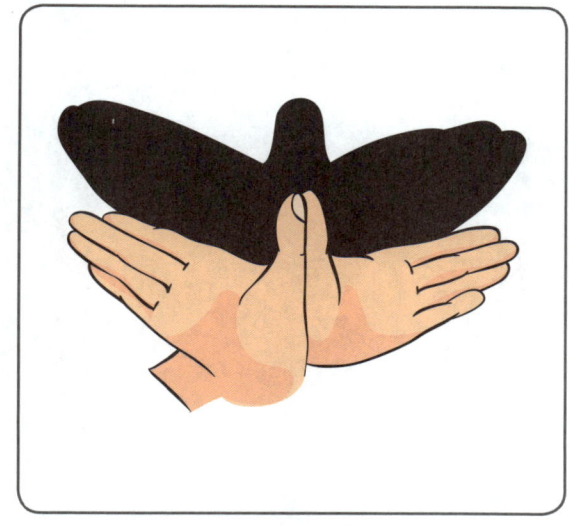

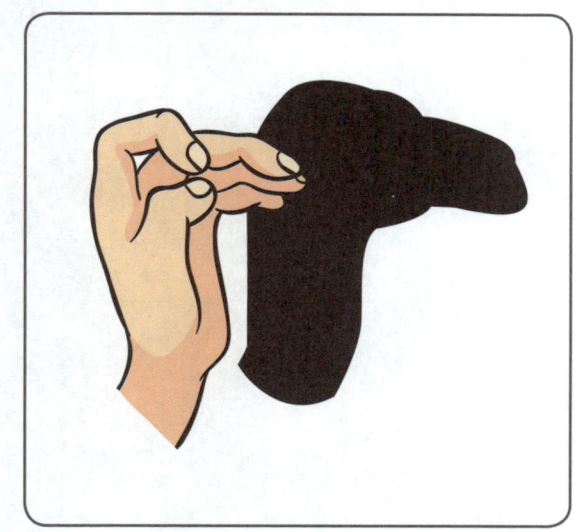

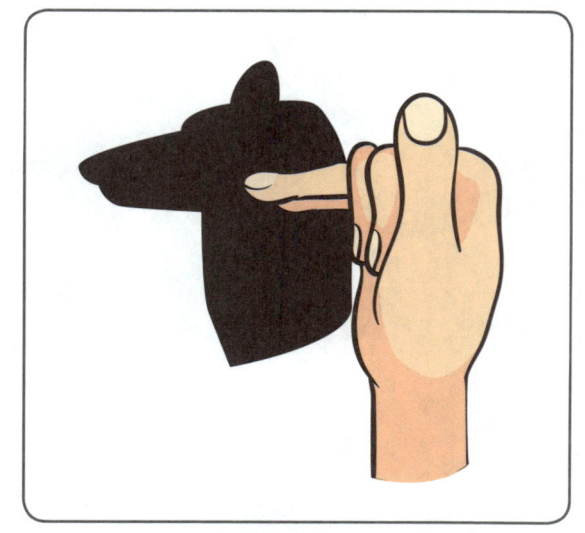

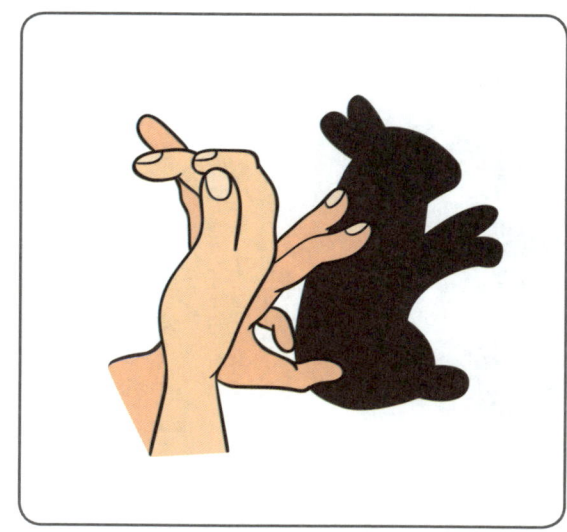

FICHA 47 — A ARTE DE WASSILY KANDINSKY

COMPOSIÇÃO VIII (1923), DE WASSILY KANDINSKY.
ÓLEO SOBRE TELA, 140 cm × 201 cm.

BALANCEMENT (1925), DE WASSILY KANDINSKY.
ÓLEO SOBRE TELA, 70,5 cm × 50,2 cm.

FICHA 48

FAZENDO ARTE COM WASSILY KANDINSKY

FAZENDO ARTE COM WASSILY KANDINSKY

FICHA 49

UM QUADRO COM MASSA DE MODELAR

NOME: _____

FICHA 50 — A ARTE DE HENRI MATISSE

TATE GALLERY, LONDON

O CARACOL (1953), DE HENRI MATISSE. GUACHE SOBRE PAPEL RECORTADO, 286 cm × 287 cm.

FICHA 51

FAZENDO ARTE COM HENRI MATISSE

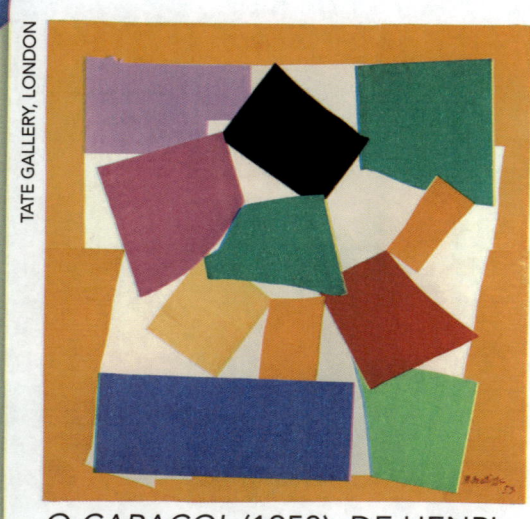

O CARACOL (1953), DE HENRI MATISSE. GUACHE SOBRE PAPEL RECORTADO, 286 cm × 287 cm.

NOME: _____

FICHA 52
SERIAÇÃO DE FORMAS GEOMÉTRICAS

FICHA 53

NOÇÃO CORPORAL: MEU CORPO

PARTE 1

MENINA COM REGADOR (1876), DE PIERRE-AUGUSTE RENOIR. ÓLEO SOBRE TELA, 103 cm × 73,2 cm.

FICHA 53
PARTE 2
NOÇÃO CORPORAL: MEU CORPO

Datas comemorativas

OBA, É CARNAVAL!

DATAS COMEMORATIVAS

RECORTE

A PÁSCOA CHEGOU!

DATAS COMEMORATIVAS

RECORTE

DIA DO ÍNDIO

PARTE 1

DATAS COMEMORATIVAS

A PINTURA CORPORAL É MUITO UTILIZADA PELOS INDÍGENAS E SEU ESTILO VARIA ENTRE OS DIFERENTES POVOS. PARA FAZÊ-LA, ELES USAM TINTAS EXTRAÍDAS DA NATUREZA. COMUNIDADE YANOMAMI. TOOTOTOBI (AM).

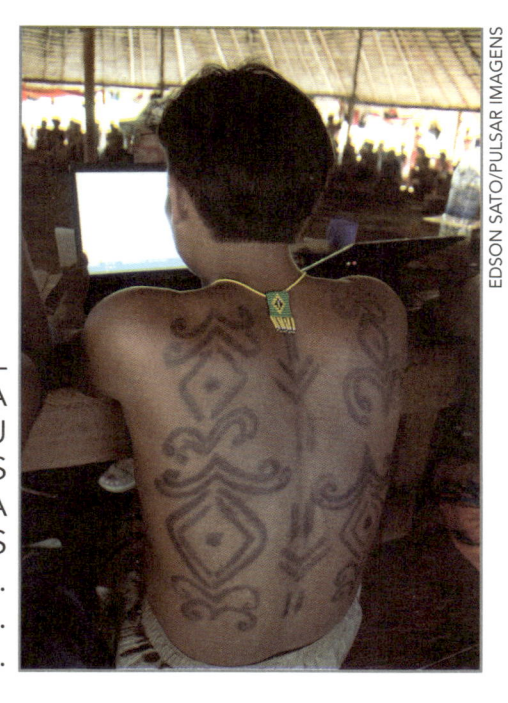

CESTARIA KAYAPÓ FEITA PARA ARMAZENAR E TRANSPORTAR ALIMENTOS. ACERVO DO MEMORIAL DA AMÉRICA LATINA. SÃO PAULO (SP).

MORADIA DO CACIQUE. ALDEIA YAWALAPITI NO PARQUE INDÍGENA DO XINGU. GAÚCHA DO NORTE (MT).

DIA DO ÍNDIO

PARTE 2

DATAS COMEMORATIVAS

RECORTE

DIA DO ÍNDIO

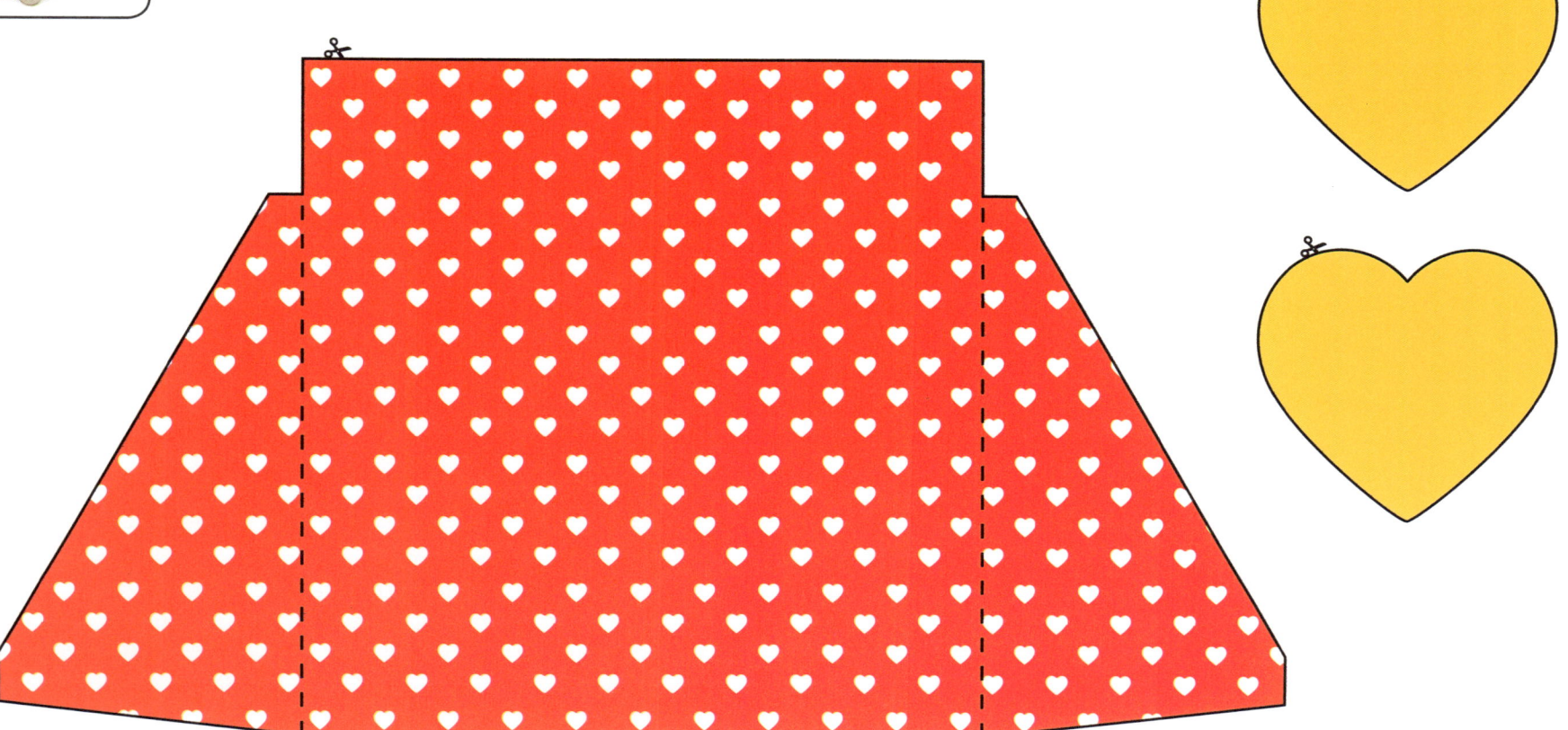

DIA DAS MÃES

DATAS COMEMORATIVAS

RECORTE
DOBRE

DIA DAS MÃES

DIA DOS PAIS

DATAS COMEMORATIVAS

RECORTE

ACERVO DAS AUTORAS

Parte integrante do livro Arte e Habilidade – Volume 2

71

DIA DOS PAIS

É PRIMAVERA!

DATAS COMEMORATIVAS

PARTE 1

RECORTE

72

É PRIMAVERA!

É PRIMAVERA!

PARTE 2

DATAS COMEMORATIVAS

RECORTE

É PRIMAVERA!

DIA DAS CRIANÇAS

DATAS COMEMORATIVAS

PARTE 1

RECORTE

74

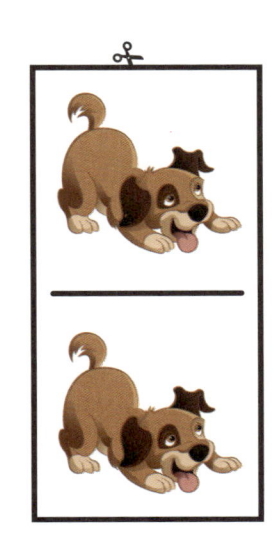

DIA DAS CRIANÇAS

DIA DAS CRIANÇAS

PARTE 2

DATAS COMEMORATIVAS

RECORTE

É NATAL!

DATAS COMEMORATIVAS

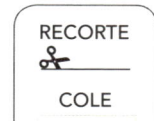

RECORTE
COLE

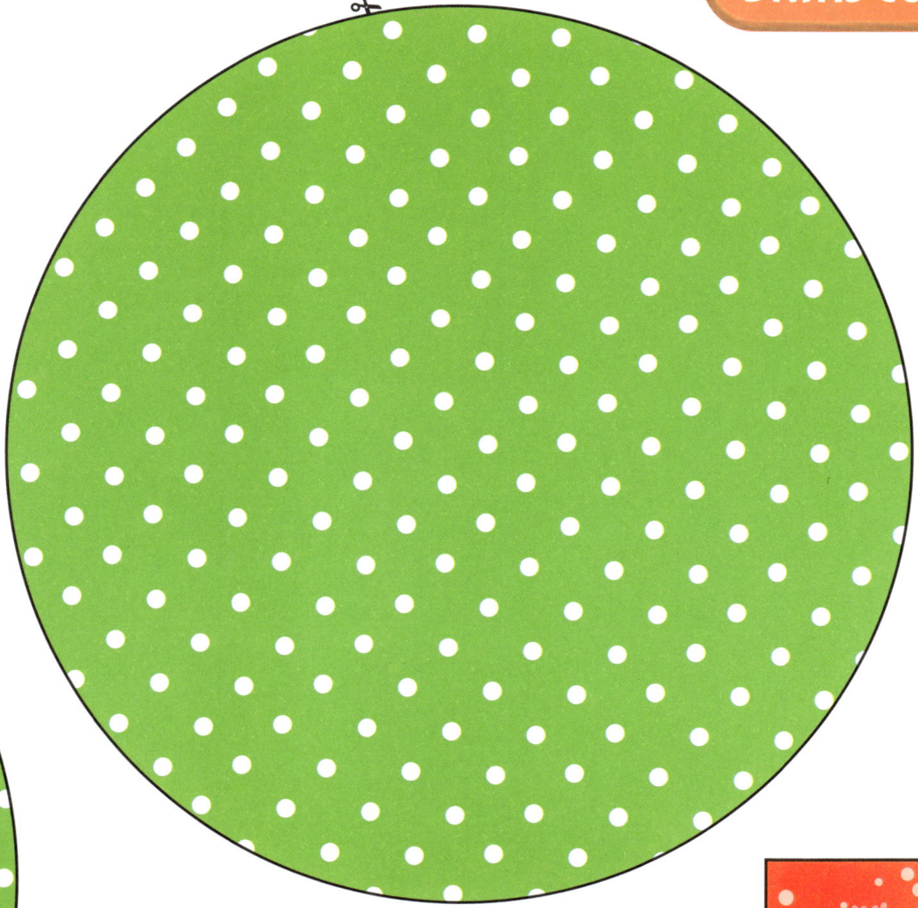

76

É NATAL!